In Loving Memory of

_____

Guests

Name   Thoughts & Memories

_____   _____

                               _____

                               _____

_____   _____

                               _____

                               _____

_____   _____

                               _____

                               _____

Guests

Name	Thoughts & Memories
_____	_____
	_____
	_____
_____	_____
	_____
	_____
_____	_____
	_____
	_____

Guests

Name   Thoughts & Memories

_____   _____

                                 _____

                                 _____

_____   _____

                                 _____

                                 _____

_____   _____

                                 _____

                                 _____

Guests

Name   Thoughts & Memories

_____   _____

                                     _____

                                     _____

_____   _____

                                     _____

                                     _____

_____   _____

                                     _____

Guests

Name   Thoughts & Memories

_____   _____

                                    _____

                                    _____

_____   _____

                                    _____

                                    _____

_____   _____

                                    _____

Guests

Name   Thoughts & Memories

_____   _____

                                   _____

                                   _____

_____   _____

                                   _____

                                   _____

_____   _____

                                   _____

Guests

Name   Thoughts & Memories

_____

_____

_____

_____

_____

_____

_____

Guests

Name   Thoughts & Memories

_____   _____

  _____

  _____

_____   _____

  _____

  _____

_____   _____

  _____

  _____

Guests

Name   Thoughts & Memories

_____   _____

                                        _____

                                        _____

_____   _____

                                        _____

                                        _____

_____   _____

                                        _____

Guests

Name   Thoughts & Memories

_____   _____

                                 _____

                                 _____

_____   _____

                                 _____

                                 _____

_____   _____

                                 _____

                                 _____

Guests

Name   Thoughts & Memories

_____

_____

_____

Guests

Name	Thoughts & Memories
_____	_____
	_____
	_____
_____	_____
	_____
	_____
_____	_____
	_____

Guests

Name   Thoughts & Memories

_____

_____

_____

                            _____

                            _____

                            _____

                            _____

                            _____

                            _____

                            _____

Guests

Name	Thoughts & Memories
_____	_____
	_____
	_____
_____	_____
	_____
	_____
_____	_____
	_____
	_____

Guests

Name	Thoughts & Memories

Guests

Name	Thoughts & Memories
_____	_____
	_____
	_____
_____	_____
	_____
	_____
_____	_____
	_____
	_____

Guests

Name   Thoughts & Memories

_____   _____

                                          _____

                                          _____

_____   _____

                                          _____

                                          _____

_____   _____

                                          _____

                                          _____

Guests

Name   Thoughts & Memories

_____   _____

                                    _____

                                    _____

_____   _____

                                    _____

                                    _____

_____   _____

                                    _____

                                    _____

Guests

Name	Thoughts & Memories
_____	_____
	_____
	_____
_____	_____
	_____
	_____
_____	_____
	_____

Guests

Name

Thoughts & Memories

_____

_____

_____

_____

_____

_____

_____

_____

_____

_____

_____

Guests

Name	Thoughts & Memories
_____	_____
	_____
	_____
_____	_____
	_____
	_____
_____	_____
	_____
	_____

Guests

Name	Thoughts & Memories
_____	_____
	_____
	_____
_____	_____
	_____
	_____
_____	_____
	_____

Guests

Name   Thoughts & Memories

Guests

Name   Thoughts & Memories

_____   _____

                             _____

                             _____

_____   _____

                             _____

                             _____

_____   _____

                             _____

                             _____

Guests

Name   Thoughts & Memories

_____   _____

                                        _____

                                        _____

_____   _____

                                        _____

                                        _____

_____   _____

                                        _____

Guests

Name   Thoughts & Memories

_____   _____

                                         _____

                                         _____

_____   _____

                                         _____

                                         _____

_____   _____

                                         _____

                                         _____

Guests

Name	Thoughts & Memories
_____	_____
	_____
	_____
_____	_____
	_____
	_____
_____	_____
	_____

Guests

Name   Thoughts & Memories

_____   _____

                               _____

                               _____

_____   _____

                               _____

                               _____

_____   _____

                               _____

                               _____

Guests

Name   Thoughts & Memories

_____   _____

                                            _____

                                            _____

_____   _____

                                            _____

                                            _____

_____   _____

                                            _____

                                            _____

Guests

Name	Thoughts & Memories
_____	_____
	_____
	_____
_____	_____
	_____
	_____
_____	_____
	_____

Guests

Name   Thoughts & Memories

_____   _____

_____

_____

_____   _____

_____

_____

_____   _____

_____

_____

Guests

Name   Thoughts & Memories

_____   _____

                                        _____

                                        _____

_____   _____

                                        _____

                                        _____

_____   _____

                                        _____

                                        _____

Guests

Name   Thoughts & Memories

_____   _____

                               _____

                               _____

_____   _____

                               _____

                               _____

_____   _____

                               _____

Guests

Name   Thoughts & Memories

_____   _____

                                        _____

                                        _____

_____   _____

                                        _____

                                        _____

_____   _____

                                        _____

                                        _____

Guests

Name   Thoughts & Memories

_____   _____

                             _____

                             _____

_____   _____

                             _____

                             _____

_____   _____

                             _____

Guests

Name	Thoughts & Memories
	_____
_____	_____
	_____
_____	_____
	_____
_____	_____
	_____

Guests

Name	Thoughts & Memories
_____	_____
	_____
	_____
_____	_____
	_____
	_____
_____	_____
	_____
	_____

Guests

Name   Thoughts & Memories

_____   _____

                                 _____

                                 _____

_____   _____

                                 _____

                                 _____

_____   _____

                                 _____

                                 _____

Guests

Name   Thoughts & Memories

_____   _____

                               _____

                               _____

_____   _____

                               _____

                               _____

_____   _____

                               _____

                               _____

Guests

Name   Thoughts & Memories

_____   _____

                                        _____

                                        _____

_____   _____

                                        _____

                                        _____

_____   _____

                                        _____

Guests

Name   Thoughts & Memories

_____   _____

                                        _____

                                        _____

_____   _____

                                        _____

                                        _____

_____   _____

                                        _____

                                        _____

Guests

Name   Thoughts & Memories

_____   _____

                                        _____

                                        _____

_____   _____

                                        _____

                                        _____

_____   _____

                                        _____

                                        _____

Guests

Name	Thoughts & Memories
_____	_____
	_____
	_____
_____	_____
	_____
	_____
_____	_____
	_____
	_____

Guests

Name   Thoughts & Memories

_____   _____

                                        _____

                                        _____

_____   _____

                                        _____

                                        _____

                                        _____

_____   _____

                                        _____

Guests

Name	Thoughts & Memories
_____	_____
	_____
	_____
_____	_____
	_____
	_____
_____	_____
	_____
	_____

Guests

Name   Thoughts & Memories

_____   _____

                                 _____

                                 _____

_____   _____

                                 _____

                                 _____

_____   _____

                                 _____

Guests

Name   Thoughts & Memories

_____   _____

                                           _____

                                           _____

_____   _____

                                           _____

_____   _____

                                           _____

                                           _____

Guests

Name   Thoughts & Memories

_____   _____

                                         _____

                                         _____

_____   _____

                                         _____

                                         _____

_____   _____

                                         _____

                                         _____

Guests

Name   Thoughts & Memories

_____   _____

                                        _____

                                        _____

_____   _____

                                        _____

                                        _____

_____   _____

                                        _____

Guests

Name   Thoughts & Memories

_____   _____

                        _____

                        _____

_____   _____

                        _____

                        _____

_____   _____

                        _____

Guests

Name   Thoughts & Memories

Guests

Name   Thoughts & Memories

_____   _____

                                        _____

                                        _____

_____   _____

                                        _____

                                        _____

_____   _____

                                        _____

                                        _____

Guests

Name	Thoughts & Memories
_____	_____
	_____
	_____
_____	_____
	_____
	_____
_____	_____
	_____
	_____

Guests

Name   Thoughts & Memories

Guests

Name	Thoughts & Memories
_____	_____
	_____
	_____
_____	_____
	_____
	_____
_____	_____
	_____

Guests

Name   Thoughts & Memories

_____   _____

                                            _____

                                            _____

_____   _____

                                            _____

                                            _____

_____   _____

                                            _____

Guests

Name   Thoughts & Memories

_____   _____

                                 _____

                                 _____

_____   _____

                                 _____

                                 _____

_____   _____

                                 _____

Guests

Name   Thoughts & Memories

_____   _____

                                        _____

                                        _____

_____   _____

                                        _____

                                        _____

_____   _____

                                        _____

                                        _____

Guests

Name   Thoughts & Memories

_____   _____

                                    _____

                                    _____

_____   _____

                                    _____

                                    _____

_____   _____

                                    _____

                                    _____

Guests

Name   Thoughts & Memories

_____   _____

                                                _____

                                                _____

_____   _____

                                                _____

                                                _____

_____   _____

                                                _____

Guests

Name   Thoughts & Memories

_____   _____

                        _____

                        _____

_____   _____

                        _____

                        _____

_____   _____

                        _____

Guests

Name   Thoughts & Memories

_____   _____

_____   _____

_____   _____

Guests

Name   Thoughts & Memories

_____   _____

                              _____

                              _____

_____   _____

                              _____

                              _____

_____   _____

                              _____

                              _____

Guests

Name

Thoughts & Memories

_____

_____

_____

_____

_____

_____

_____

_____

_____

_____

_____

Guests

Name   Thoughts & Memories

_____   _____

                                 _____

                                 _____

_____   _____

                                 _____

_____   _____

                                 _____

                                 _____

Guests

Name   Thoughts & Memories

_____   _____

                                        _____

                                        _____

_____   _____

                                        _____

                                        _____

_____   _____

                                        _____

Guests

Name   Thoughts & Memories

_____   _____

                              _____

                              _____

_____   _____

                              _____

                              _____

_____   _____

                              _____

Guests

Name   Thoughts & Memories

_____   _____

                                        _____

                                        _____

_____   _____

                                        _____

                                        _____

_____   _____

                                        _____

                                        _____

Guests

Name   Thoughts & Memories

_____   _____

                                        _____

                                        _____

_____   _____

                                        _____

_____   _____

                                        _____

Guests

Name   Thoughts & Memories

_____   _____

                                        _____

                                        _____

_____   _____

                                        _____

                                        _____

_____   _____

                                        _____

                                        _____

Name   Thoughts & Memories

_____   _____

                            _____

                            _____

_____   _____

                            _____

                            _____

_____   _____

                            _____

                            _____

Guests

Name	Thoughts & Memories
_____	_____
	_____
	_____
_____	_____
	_____
	_____
_____	_____
	_____

Guests

Name   Thoughts & Memories

_____   _____

                                        _____

                                        _____

_____   _____

                                        _____

                                        _____

_____   _____

                                        _____

Guests

Name   Thoughts & Memories

_____   _____

                                        _____

                                        _____

_____   _____

                                        _____

_____   _____

                                        _____

                                        _____

Guests

Name   Thoughts & Memories

_____   _____

                                        _____

                                        _____

_____   _____

                                        _____

_____   _____

                                        _____

Guests

Name   Thoughts & Memories

_____   _____

                              _____

                              _____

_____   _____

                              _____

                              _____

_____   _____

                              _____

Guests

Name   Thoughts & Memories

_____   _____

                                        _____

                                        _____

_____   _____

                                        _____

                                        _____

_____   _____

                                        _____

Guests

Name	Thoughts & Memories
_____	_____
	_____
	_____
_____	_____
	_____
	_____
_____	_____
	_____

Guests

Name	Thoughts & Memories
_____	_____
	_____
	_____
_____	_____
	_____
	_____
_____	_____
	_____
	_____

Guests

Name   Thoughts & Memories

Guests

Name	Thoughts & Memories
_____	_____
	_____
	_____
_____	_____
	_____
	_____
_____	_____
	_____
	_____

Guests

Name	Thoughts & Memories

Guests

Name   Thoughts & Memories

_____   _____

                                        _____

                                        _____

_____   _____

                                        _____

                                        _____

_____   _____

                                        _____

                                        _____

Guests

Name   Thoughts & Memories

_____   _____

                                        _____

                                        _____

_____   _____

                                        _____

_____   _____

                                        _____

                                        _____

Guests

Name   Thoughts & Memories

_____   _____

                                        _____

                                        _____

_____   _____

                                        _____

                                        _____

_____   _____

                                        _____

                                        _____

Guests

Name   Thoughts & Memories

_____   _____

                        _____

                        _____

_____   _____

                        _____

                        _____

_____   _____

                        _____

                        _____

Guests

Name   Thoughts & Memories

_____   _____

                                        _____

                                        _____

_____   _____

                                        _____

                                        _____

_____   _____

                                        _____

                                        _____

Guests

Name	Thoughts & Memories

Guests

Name   Thoughts & Memories

_____   _____

                                              _____

                                              _____

_____   _____

                                              _____

                                              _____

_____   _____

                                              _____

Guests

Name   Thoughts & Memories

_____   _____

_____

_____

_____

_____   _____

_____

_____

_____   _____

Guests

Name   Thoughts & Memories

_____   _____

                                        _____

                                        _____

_____   _____

                                        _____

                                        _____

_____   _____

                                        _____

                                        _____

Guests

Name   Thoughts & Memories

_____   _____

                        _____

                        _____

_____   _____

                        _____

                        _____

_____   _____

                        _____

                        _____

Guests

Name   Thoughts & Memories

_____   _____

                                  _____

                                  _____

_____   _____

                                  _____

                                  _____

_____   _____

                                  _____

Guests

Name   Thoughts & Memories

_____   _____

                                         _____

                                         _____

_____   _____

                                         _____

                                         _____

_____   _____

                                         _____

                                         _____

Guests

Name   Thoughts & Memories

_____   _____

                                 _____

                                 _____

_____   _____

                                 _____

                                 _____

_____   _____

                                 _____

                                 _____

Guests

Name   Thoughts & Memories

_____   _____

                       _____

                       _____

_____   _____

                       _____

                       _____

_____   _____

                       _____

Guests

Name   Thoughts & Memories

_____   _____

                        _____

                        _____

_____   _____

                        _____

                        _____

_____   _____

                        _____

Guests

Name	Thoughts & Memories

Guests

Name   Thoughts & Memories

_____   _____

                                        _____

                                        _____

_____   _____

                                        _____

                                        _____

_____   _____

                                        _____

Guests

Name   Thoughts & Memories

_____   _____

                                 _____

                                 _____

_____   _____

                                 _____

                                 _____

_____   _____

                                 _____

Guests

Name   Thoughts & Memories

_____   _____

                                                _____

                                                _____

_____   _____

                                                _____

                                                _____

_____   _____

                                                _____

                                                _____

Guests

Name   Thoughts & Memories

_____   _____

   _____

   _____

_____   _____

   _____

_____   _____

   _____

   _____

Guests

Name   Thoughts & Memories

_____   _____

                                     _____

                                     _____

_____   _____

                                     _____

                                     _____

_____   _____

                                     _____

                                     _____

Guests

Name   Thoughts & Memories

_____   _____

                                      _____

                                      _____

_____   _____

                                      _____

                                      _____

_____   _____

                                      _____

Guests

Name   Thoughts & Memories

_____   _____

                                        _____

                                        _____

_____   _____

                                        _____

                                        _____

_____   _____

                                        _____

                                        _____

Guests

Name   Thoughts & Memories

_____   _____

                                    _____

                                    _____

_____   _____

                                    _____

                                    _____

_____   _____

                                    _____

Guests

Name   Thoughts & Memories

_____ _____

_____ _____

_____ _____

_____ _____

_____ _____

_____ _____

_____ _____

_____ _____

Guests

Name   Thoughts & Memories

_____   _____

_____

_____

_____   _____

_____

_____   _____

_____

Guests

Name   Thoughts & Memories

_____   _____

                                _____

                                _____

_____   _____

                                _____

                                _____

_____   _____

                                _____

Guests

Name   Thoughts & Memories

_____   _____

    _____

    _____

_____   _____

    _____

    _____

_____   _____

    _____

Guests

Name   Thoughts & Memories

_____   _____

                                        _____

                                        _____

_____   _____

                                        _____

                                        _____

_____   _____

                                        _____

                                        _____

Guests

Name | Thoughts & Memories

Guests

Name   Thoughts & Memories

_____   _____

                                              _____

                                              _____

_____   _____

                                              _____

                                              _____

_____   _____

                                              _____

                                              _____

Guests

Name   Thoughts & Memories

_____   _____

                                        _____

                                        _____

_____   _____

                                        _____

                                        _____

_____   _____

                                        _____

                                        _____

Guests

Name   Thoughts & Memories

_____   _____

                           _____

                           _____

_____   _____

                           _____

                           _____

_____   _____

                           _____

Guests

Name   Thoughts & Memories

_____   _____

                                        _____

                                        _____

_____   _____

                                        _____

                                        _____

_____   _____

                                        _____

                                        _____

Guests

Name   Thoughts & Memories

_____   _____

                                        _____

                                        _____

_____   _____

                                        _____

                                        _____

_____   _____

                                        _____

Guests

Name   Thoughts & Memories

_____   _____

                             _____

                             _____

_____   _____

                             _____

                             _____

_____   _____

                             _____

                             _____

Guests

Name   Thoughts & Memories

_____   _____

_____

_____

_____   _____

_____

_____   _____

_____

Guests

Name   Thoughts & Memories

_____   _____

                        _____

                        _____

                        _____

_____   _____

                        _____

_____   _____

                        _____

                        _____

Guests

Name   Thoughts & Memories

_____

_____

_____

Guests

Name   Thoughts & Memories

_____   _____

                                                  _____

                                                  _____

_____   _____

                                                  _____

                                                  _____

_____   _____

                                                  _____

Guests

Name   Thoughts & Memories

_____   _____

                                          _____

                                          _____

_____   _____

                                          _____

                                          _____

_____   _____

                                          _____

Guests

Name	Thoughts & Memories
_____	_____
	_____
	_____
_____	_____
	_____
	_____
_____	_____
	_____
	_____

Guests

Name   Thoughts & Memories

_____   _____

_____   _____

                               _____

_____   _____

                               _____

                               _____

_____   _____

                               _____

                               _____

Guests

Name   Thoughts & Memories

_____

_____

_____

_____

_____

_____

_____

_____

_____

_____

Guests

Name   Thoughts & Memories

_____   _____

                                        _____

                                        _____

_____   _____

                                        _____

                                        _____

_____   _____

                                        _____

Guests

Name   Thoughts & Memories

_____   _____

                             _____

                             _____

_____   _____

                             _____

                             _____

_____   _____

                             _____

                             _____

Guests

Name   Thoughts & Memories

_____   _____

                                        _____

                                        _____

_____   _____

                                        _____

                                        _____

_____   _____

                                        _____

Guests

Name   Thoughts & Memories

_____   _____

                                        _____

                                        _____

_____   _____

                                        _____

                                        _____

_____   _____

                                        _____

Guests

Name	Thoughts & Memories
_____	_____
	_____
	_____
_____	_____
	_____
	_____
_____	_____
	_____

Guests

Name   Thoughts & Memories

_____   _____

                        _____

                        _____

_____   _____

                        _____

                        _____

_____   _____

                        _____

                        _____

Guests

Name   Thoughts & Memories

_____   _____

                                   _____

                                   _____

_____   _____

                                   _____

                                   _____

_____   _____

                                   _____

Guests

Name   Thoughts & Memories

_____   _____

                                       _____

                                       _____

_____   _____

                                       _____

                                       _____

_____   _____

                                       _____

                                       _____

Guests

Name   Thoughts & Memories

_____

_____

_____

Guests

Name   Thoughts & Memories

_____   _____

_____

_____

_____   _____

_____

_____

_____   _____

_____

Guests

Name   Thoughts & Memories

_____

_____

_____

Guests

Name   Thoughts & Memories

_____   _____

                                          _____

                                          _____

_____   _____

                                          _____

                                          _____

_____   _____

                                          _____

Guests

Name	Thoughts & Memories
_____	_____
	_____
	_____
_____	_____
	_____
_____	_____
	_____

Guests

Name   Thoughts & Memories

_____   _____

                                           _____

                                           _____

_____   _____

                                           _____

                                           _____

_____   _____

                                           _____

Guests

Name	Thoughts & Memories
_____	_____
	_____
	_____
_____	_____
	_____
	_____
_____	_____
	_____

Guests

Name   Thoughts & Memories

_____   _____

                                           _____

                                           _____

_____   _____

                                           _____

                                           _____

_____   _____

                                           _____

                                           _____

Guests

Name   Thoughts & Memories

_____   _____

                                        _____

                                        _____

_____   _____

                                        _____

                                        _____

_____   _____

                                        _____

Guests

Name   Thoughts & Memories

_____   _____

                        _____

                        _____

_____   _____

                        _____

                        _____

_____   _____

                        _____

                        _____

Guests

Name	Thoughts & Memories
_____	_____
	_____
	_____
_____	_____
	_____
	_____
_____	_____
	_____

Guests

Name   Thoughts & Memories

_____ _____

                                  _____

                                  _____

_____ _____

                                  _____

                                  _____

_____ _____

                                  _____

Guests

Name	Thoughts & Memories
_____	_____
	_____
	_____
_____	_____
	_____
	_____
_____	_____
	_____
	_____

Guests

Name   Thoughts & Memories

_____   _____

                                        _____

                                        _____

_____   _____

                                        _____

                                        _____

_____   _____

                                        _____

Guests

Name	Thoughts & Memories
_____	_____
	_____
	_____
_____	_____
	_____
_____	_____
	_____
	_____

Guests

Name   Thoughts & Memories

_____   _____

                                     _____

                                     _____

_____   _____

                                     _____

                                     _____

_____   _____

                                     _____

                                     _____